AF257410

S. HEYMANN, Éditeur, rue du Croissant, 13, Paris.

S. HEYMANN, Éditeur, rue du Croissant, 13, Paris.

GABON-CONGO

A huit cents lieues marines du chef-lieu de notre
Sénégambie, à vingt jours environ de nos ports
de France, sous l'équateur tour à tour enflammé,
suivant la saison, ou chargé des nuées orageuses
crevant en déluge de l'Afrique occidentale, som-
meille un estuaire à l'ampleur magistrale, baigńé
d'un océan de feuillage qui gagne jusqu'à la mer
venant doucement mourir à ses rivages. Le pa-
villon français protège ces eaux somnolentes; il a
groupé sous ses plis les villages clairsemés d'alen-
tour. Puis, grandissant en force et en crédit, du
Gabon il a dépassé la mer, les rivières, les bois ;
il couvre le fleuve Ogooué, il est maintenant sur
le Congo. Il est devenu, jusqu'à cette limite, le
symbole, l'espérance d'une grande annexion, d'une
terre promise à l'avenir, féconde en biens : terre, il
est vrai, jusqu'à ce jour stérile, dans sa fougue
vierge, exubérante, funeste au blanc, qui ne peut
s'y acclimater, rebelle au noir, qui ne sait... ou se
lasserait d'en susciter les richesses.

Il y a cinquante ans à peine, l'estuaire gabonais
était au nombre de ces abominables foyers de
traite, de ces repaires qui pourvoyaient d'instru-

ments de travail, d'esclaves noirs, les colonies
européennes transatlantiques. La France s'obsti-
nant, de concert avec l'Angleterre, à tarir cette
lèpre à sa source même, cherchait, sur la mer de
Guinée inhospitalière, une rade sûre et calme pour
abriter sa flotte de croiseurs au retour de leurs
courses, observatoire d'où ils pussent s'élancer, re-
posés, à la capture des navires négriers. En l'an-
née 1843, s'entendant par promesses et cadeaux avec
un vieux roi nègre très remarquable, Denis, aujour-
d'hui disparu et presque « fétiche », le gouverne-
ment de Louis-Philippe acheta le Gabon ; il y
envoya des soldats, des missionnaires, des commer-
çants ; sur le territoire acquis s'éleva une bourgade,
embryon de métropole, *Libreville*, dont les pre-
mières cases se peuplèrent de captifs arrachés aux
négriers. Ce fut le prélude, le point d'appui de notre
extension, hier encore bien imprévue, vers l'inconnu du continent noir.

De notre colonie à sa naissance jusqu'à l'immense
domaine reconnu depuis, quelles populations trou-
vons-nous. Si nous tentions d'en faire l'histoire,
nous aurions peine à débrouiller le lecteur au
milieu de ce chaos de races sans originalité propre,
emmêlées comme à plaisir, chaque village ayant la
vanité de sa personnalité et voulant être appelé
« peuple ». Qu'elles vaillent toutefois d'être spéciali-
sées, — ce dont je doute, en général, — la philolo-
gie et l'ethnographie africaines sont trop en retard
pour arriver à les distinguer les unes des autres. Et,
au surplus, des rivages de la mer, des échelons du
fleuve Ogooué jusqu'au Congo, ce sont bien mêmes
gens d'apparence et très rapprochés d'usages, ces
autochtones auxquels se heurtent, dans une lutte

atroce pour l'existence, de terribles antagonistes venus du lointain intérieur.

Nous nommons ici les FAN ou PAHOUINS, farouches immigrants, parents des Niam-Niam ; ils sont, eux, d'un type saillant, reconnaissable, tout contraste avec ceux qu'on est convenu d'appeler les aborigènes, bien qu'à leurs temps, rameaux détachés du tronc primitif, comme les Aryens de notre race blanche, ces prétendus autochtones aient émigré en masse de l'Orient austral de l'Afrique. Ceux-ci se rattachent vraiment au tronc CAFRE ou BANTOU et s'appellent :

Mpongoué, Gabonais proprement dits, voisins de Libreville, doux, policés sur leur déclin ;

Boulou, sombres d'humeur, sous la forêt de l'estuaire Mounda ;

Batanga, riverains de la Kampo, habiles à manier des pirogues qui sont des joujoux ;

Bakalé, habitants de la région que baignent le moyen Ogooué et la Ngounié, guerriers nombreux autrefois, qui durent céder sous la pression pahouine ;

Abongo, de souche naine, premiers habitants du sol, suppose-t-on ; timides et confinés dans le désert des bois.

Puis, au nombre des tribus diverses échelonnées sur l'Ogooué, « gens de rivière » :

Les *Lopez*, Normands du delta ;

Galoa, riches en femmes ;

Okanda, qui portent le nom du fleuve et cultivent la terre : pacifiques, réduits et pourchassés par les Fan ;

Adouma, circoncis, pagayeurs heureux, habiles au négoce et à la construction des pirogues ;

Enfin les Congo, répandus le long des courants d'irrigation de notre territoire jusqu'au maître fleuve :

Batëkè, du haut pays, noirs d'ébène, grêles de stature ;

Apfourou, de l'Alima, batailleurs corrigés et persuadés ;

Oubandji, riverains d'un grand affluent du Congo, robustes constructeurs des plus belles pirogues de la région ;

Loango, sculpteurs d'ivoire, voisins de la Pointe-Noire et du Niari-Kouilou, trait d'union naturel entre l'Océan et le Congo devenu navigable en amont des cataractes ;

Et tant d'autres, dont une reconnaissance poursuivie dévoilera le caractère, sans doute bien uniforme. Esquissons-les en bloc, pour finir par les Pahouins.

* * *

L'idiome *mpongouè*, doux et flexible, est l'unique lien de ces tribus divisées ; c'est la langue type, modèle et maîtresse, portée par le commerce et répandue dans le lointain pays. On reconnaîtra sans doute plus tard que les divers parlers de la région sont des dialectes d'une langue mère comme déjà on s'accorde à retrouver dans le langage des gens de la côte de Zanzibar nombre de mots identiques au mpongouè, trace d'une ancienne parenté commune à beaucoup des peuplades de l'Afrique méridionale.

Flottant, facile, fataliste dans la douleur comme

dans la joie, réduit dans son confort d'autrefois par

SCULPTEUR SUR IVOIRE.

la privation du trafic des esclaves, abâtardi par une longue déchéance, l'indigène se retrempera dans un sang plus jeune, dans un milieu nouveau, ou disparaîtra. Il n'en a cure pour l'instant, et notre protection, qu'il a subie sans révolte, qui l'a sauvé à temps de ses ennemis inexorables, ne lui, inspire nul regret du passé, aucune reconnaissance du présent. Depuis tantôt cinquante ans grâce à l'échange de nos idées, de nos mœurs, de notre commerce, il s'est beaucoup civilisé, sans que ce progrès jusqu'ici ait enrayé sa ruine.

Languissant de nature, oisif d'inclination, le Gabonais est mou dans les formes physiques de son adolescence, grêle, faible en muscles, avec l'âge qui vient. Sa taille est moyenne. Il ne porte pas de tatouage, a peu de barbe et la chevelure crépue. Il est fréquemment affligé d'un doigt supplémentaire aux mains et aux pieds ; ses orteils sont déformés par l'invasion de la « puce pénétrante ». Un pauvre pagne, lambeau d'étoffe, recouvre son corps nu. Ses attitudes sont mal mesurées : la négresse se dandine, les bras ballants ; l'homme en cérémonie, à demi couché, malaxe un de ses pieds de sa main la plus voisine. Passons ; le visage est celui d'un homme, il reflète en germe cette flamme qu'éveillera bientôt l'éducation.

Le dirai-je, est-ce habitude ? l'ensemble du noir n'est pas déplaisant. Jeune, la femme montre avec coquetterie une certaine grâce d'adolescente ; elle a de jolies oreilles, de petites mains ; elle porte fièrement sa coiffure de cheveux nattés, à nulle autre pareille en Afrique ; elle se pare de verroteries voyantes, d'anneaux de cuivre qui remonteront en guêtre le long de la jambe, apanage de la servitude matrimoniale. A ce moment finit pour elle le bon temps. Épuisée par les charges de la vie conjugale, les lourds travaux de la maisonnée et des champs, elle est flétrie bientôt. La coutume, implacable en ces pays, tarifant sa prud'-homie à la longueur des mamelles, elle s'appliquera artificiellement à acquérir plus tôt cet « avantage ». Puis elle s'achève par une monstruosité dont elle n'a pas pudeur : elle se dégoûte d'être mère avant la naissance de son enfant ; la postérité des Okanda, par exemple, se réduira à un rejeton tous les trois ans. Joignez à cette prévoyance contre nature la misère profonde, le dénûment de la sauvagerie, où le morceau de manioc de la journée est mesuré et celui du lendemain nullement assuré, la soif des liqueurs ardentes, l'emprunt de nos vices plus que de nos vertus, les déviations du tempérament par toute sorte de tares, et vous vous expliquerez ce dépérissement de la race gabonaise, difficile à arrêter sur la pente rapide où elle descend.

Au moral, c'est le ressort qui manque le plus au natif ; il se soumet à tout, au bon comme au mauvais, sans réagir. *Mbiambie*, « Bien » ; c'est toute sa logique, et sa morale du droit et du devoir. Pas d'autre effort intellectuel non plus ; il apprend mais n'a su presque rien innover. Ne lui refusons pourtant pas une certaine courtoisie naturelle ; sur le sentier personne n'oubliera de vous donner en passant le *Mbolo* « bonjour » amical. Il a ses passions, l'homme négatif, il est tenace dans ses colères ; il saura flamber à l'occasion la case d'un ennemi, appliquer le poison à ses vengeances, torturer un captif.

Car cet humble a ses « captifs ». Mais, au fait, il est superbe devant plus petit, et orgueilleux de sa noble lignée ; vraiment, il est homme à cet égard.

Le captif, lui, ne réclame pas toujours sa liberté, ce qui lui serait facile à Libreville. Il reste attaché à la case, comme le chien, malgré le fouet ; il a souvent peur de l'inconnu ; il est logique, il aurait aussi des esclaves, s'il était maître. Il y a de ces pauvres gens qui se révoltent à l'occasion et se vengent ; mais on les cite. L'esclave, né dans la case ou acheté au loin, a pour sa part les gros ouvrages, le soin des plantations, et quelquefois il meurt pour consoler les mânes de son patron défunt.

Ces peuples sont divisés en une infinité de villages, charmants d'aspect à la pointe verdoyante d'une rivière, sous l'ombre des bois. Chaque village a son chef ; que dis-je, « son roi », qui parfois règne au juste sur une grosse famille. Le despote tient quand même fort à son titre, et vous toise pour le rappeler. Hélas ! il n'en a guère conservé que les insignes, le chapeau et la canne, avec de petits profits par surcroît. L'astuce ne vaut plus. Les sujets, gagnés par les idées modernes, narguent la lanière de peau d'hippopotame, qui moisit au clou. La source du Pactole nègre tarit peu à peu, car on ne peut maintenant vendre ses sujets aux négriers, ni prêter les femmes au premier venant, et bientôt le passage des rivières sera quitte de droits régaliens. Dans notre ressort, le roi mpongouè, l'*oga*, n'est plus qu'un simple maire.

La femme, en pays noir, a toujours excité ma commisération. Pendant que son seigneur dort ou se délasse, elle a le tout à faire : fardeaux, enfants, la case, soin de la terre ; en plus elle est battue quand le seigneur a bu ; elle travaille « comme un nègre » à sa place. Elle a bien, il est vrai, sa nuit ensemble avec lui pour les joies du tam-tam ; mais ici, il faut qu'elle partage, car « elles » sont plusieurs pour le même mari, et inégalement bien en cour.

Il y a d'abord la « grande femme », c'est la plus ancienne en date, simple ménagère à présent. Elle surveille les jeunes épousées. Parfois son désintéressement du passé va jusqu'à offrir au volage sa propre nièce. Ainsi le veut la coutume ; l'homme riche est considéré, et l'homme riche, pour son crédit autant que pour sa satisfaction, possède nombre de jeunes femmes. Vient un âge de la vie où il en pourrait être l'aïeul.

Le mariage est du reste un marché ; l'épouse s'achète, du gendre au beau-père, grâce au « paquet » l'*ita*, cadeau en nature d'une valeur de quelque cent francs ; un sérail suppose donc une certaine aisance. Un singulier contrat vous engage la fille en espérance d'une femme enceinte qui a lié son poignet au vôtre. Au décès du mari, ses compagnes sont inconsolables : elles retombent dans l'héritage des proches et ne savent au juste ce que leur vaudra le changement.

Aussi, bien que surveillée et corrigée, tentée par ses déceptions, la noire beauté s'abandonne-t-elle facilement aux séductions des galants mpongouè. Glissons sur ce sujet délicat. Quant à la famille native, on se figure ce qu'elle peut être en regard de cette promiscuité qui mêle sous le même toit tant d'êtres séparés par toutes les rivalités d'âge, de sexe, de parenté factice. L'enfant à la mamelle connaîtra sans doute sa *ngouè*, sa vraie mère ; plus tard, garçonnet, il appellera de même nom la dernière femme en date de son père, la fillette, sa bonne amie.

L'influence bienfaisante des missions passe, il

est vrai, sur tout cela ; elle amende et prépare des civilisés.

En fait de religion, l'indigène a le culte des fétiches.

Le mot seul veut dire beaucoup de choses. Pauvre noir, il « fait fétiche » aux génies, aux âmes des morts, aux grands de la terre, afin qu'ils lui soient propices, pour s'approprier sans malencontre cē qu'il convoite, connaître du passé, du présent, de l'avenir, de tout ce qui est suspect à son esprit ombrageux. Il fait fétiche à la maladie pour recouvrer la santé. Il a des amulettes de toute nature, couleurs, petits dieux, débris empruntés aux trois règnes, qui le protègent ou le contentent à l'infini. A la mode des Néo-Zélandais, il révère les sites, les biens réservés aux Esprits ; il les dit *mounda*, défendus, comme eux *tabou*. Ce mot a des acceptions innombrables.

Il existe, on n'en peut douter, un intermédiaire placé à propos entre le surnaturel et le menu peuple : c'est l'*oganga*, le féticheur. Celui-ci est à la fois prêtre, sorcier, juge, médecin. Source de gros profits qu'une telle cumulation de pouvoirs ; le chef qui les réunit ensemble sur sa tête est passé demi-dieu. La « féticheuse » n'est pas non plus un être ordinaire ; par exception, la coutume reconnaît la validité du sacerdoce féminin ; à l'exclusion des hommes certaines cérémonies sont réservées au sexe faible, et c'est presque la seule part indépendante qui lui soit faite dans l'état de nature.

L'augure fait appel aux ombres protectrices des défunts, revenants qu'il évoque à la nuit en sonnant sa clochette. L'âme lui désignera l'auteur inconnu d'un crime, d'un maléfice ; la mort inattendue est toujours soupçonnée. Le suspect sera sans doute

LE VILLAGE PAHOUIN.

d'humble condition, un esclave, un ennemi per-
sonnel, un de ces hasards qui servent à point la
vindicte publique, tel ce voyageur qui passe se
rendant à son village éloigné. Qu'importe? pourvu
que le sang ait représailles. L'épreuve du *mboundou*
va décider de cette affaire. C'est l'écorce rouge,
râpée dans l'eau, d'une racine de strychnée très
redoutable. La nuit, à la lueur des torches, aux ac-
cords furibonds du tam-tam, le coupable supposé
boit d'un trait le breuvage ; une raie tracée à quelque distance sur le sol marque la limite funèbre,
il court : s'il passe, il est sauvé; sinon le poison fait
son œuvre. En a-t-il les moyens, qu'il paye d'avance,
et le poison épargnera sa vie.

L'oganga apparaît en croquemitaine mystérieux,
l'ombre venue, pour châtier les épouses infidèles.
Il montre aux esclaves tentés par la liberté les rivières peuplées de caïmans fétiches. Il appelle l'eau
bienfaisante des pluies sur les plantations, et fait
fétiche voulant dire médecine. Telle rivière mono-
polisée est-elle fructueuse en taxes commerciales,
il la déclare *mounda*, fétiche, c'est dire encore qu'il
l'interdit, la réservant à son usage. Il fait de même,
en temps de disette, des plantes alimentaires pré-
cieuses pour leurs fruits et, les Esprits qu'il assiste
ont leur table bien servie. Il tient tout un commerce de gri-gri, propres à assurer les biens de ce
monde et le passage aimable dans l'autre.

Parmi ces objets riches en vertus, l'*okoundou*,
débris emprunté à une sépulture (boucle de cheveux, poussière d'ossements, os eux-mêmes et dents
humaines) est des plus précieux. Nanti de ce trésor,
le naturel ne craindra plus. La dépouille du blanc
a surtout du crédit ; jugez donc, c'est s'approprier

l'excellence d'un mort privilégié. Un jour la vogue fut telle qu'il fallut maçonner nos tombes. Mais le vieux temps n'est plus, les bons usages s'en vont, maintenant que le secret des bois est devenu transparent ; la justice française fait peur au fétiche okoundou, au sagace entremetteur du poison mboundou, aux maîtres qui torturent leurs captifs.

Le fétichisme n'a pas de liturgie ; son temple est de paille, ses dieux de bois informes ; chaque case à son lare domestique, mauvais aux larrons. *Boërie* grand chef des Esprits, aime qu'ils soient peints en blanc, hommage rendu à notre couleur, gage de l'estime en laquelle il nous tient.

S'il est licite de violer les tombeaux d'autrui et d'en tirer des fétiches surnaturels, on veille soigneusement à préserver la sépulture des siens ; la forêt en gardera le secret. La nuit venue, la parenté s'assemble, gémit à grands éclats, déchire ses pagnes, se couvre de poussière ; on fait parler la poudre ; le défunt est porté enseveli dans un linceul de feuilles de bananier. Jadis on lui préparait, s'il était de condition, un lit d'hommes mutilés, ses esclaves. Évidemment nous ne douterons plus que le noir de ces régions n'ait le culte des morts. Il continuera à évoquer les mânes des ancêtres, de ceux qui ont marqué sur la terre, à les appeler de sa sonnette, à leur porter des aliments... jusqu'au jour où la vogue enflamme son zèle intéressé pour de nouveaux fétiches.

L'existence matérielle de ces peuplades est pauvre et précaire. L'abondance de la nature, qu'il est loin de savoir utiliser à sa valeur, fournit au natif son pain chéri, le manioc doux, racine cuite à l'étuvée ; la grosse banane bouillie, l'amande grasse et

savoureuse du coco, l'huile du palmier et divers
oléagineux de la forêt ; des mets de dessert : suaves
ananas, mangos parfumés, nombreux à l'automne ;
canne à sucre, citron ; un vin enivrant préparé avec
la sève du palmier ; les Pahouins y mêlent l'écorce
amère de l'*orvalè*, qui fait partir les têtes ; des
condiments, tels le piment rouge, qui brûle les
lèvres et l'estomac. Les Boulou, cousins des Mpongouè, estiment une huile extraite de la fourmi
blanche. Le sel, objet d'importation de grand prix,
est rare dans l'intérieur ; les *Adouma*, lorsqu'ils n'en
ont plus, privation dure, usent des cendres lavées
d'une plante aquatique riche en soude. Seule dans
la région, cette tribu prépare à l'engraissement,
cabris, moutons, volailles ; en l'état rudimentaire
de l'élevage au Gabon-Congo, ce progrès mérite de
lui être compté.

La chasse est de mince profit, la pêche fructueuse,
les rivières, surtout les baies chaudes de la côte, étant
abondantes en proie. L'hameçon, l'épervier, le filet,
les claies formant barrage, le suc vénéneux des
lianes jeté sur les vasques dormantes, sont tour à
tour mis en usage suivant leur opportunité ; le poisson surabondant est séché ou fumé pour la réserve.
De belles pirogues, creusées d'un jet de vingt mètres
dans le tronc léger de l'*okoumè*, faites pour sillonner
les eaux paisibles des fleuves et du littoral, con-
duisent l'indigène avec ses gens aux rendez-vous
de commerce et de pêche ; les pirogues des Oubandji portent cent rameurs. Il est un peu traitant, le
Gabonais ; mais son repos lui est cher avant tout :
pour trois *vitèn*, trois petits sous, il vit sa journée,
moins l'*alougou* incendiaire, une odieuse eau-de-vie
de traite.

Je me résume, pour ne pas lasser le lecteur, voulant dire un mot de la maisonnée et du tam-tam.

Nul chalet gracieux comme une case gabonaise sous la feuillée. Elle est construite des nervures entrelacées d'un palmier bambou, l'*enimba*, une paillotte d'*ompavo* recouvre le toit incliné pour l'écoulement des pluies abondantes. Elle a quatre pans et quatre angles, et se divise en deux pièces ; en fait de meubles, un lit de camp, des oreillers coupés dans un rondin de bois, des escabelles, des nattes et le coffre aux objets précieux. La fumée ne trouve d'échappement que par la porte et les maringouins s'y déplaisent ; les cent-pieds sont moins délicats, le serpent noir se glisse en traître dans le logis à la poursuite des rats.

Sous l'auvent des cases alignées le long de l'avenue du village, les femmes filent, soignent leur enfants et palabrent, c'est-à-dire jacassent bon train ; les hommes fument le chanvre ou le tabac, vautrés en sybarites ; le « neptune », chaudron de cuivre, bout sur le feu ; à l'heure des repas apparaît en jabotant un familier, le perroquet gris. Mais la nuit vient, chacun sort de chez soi pour le plaisir.

La « palabre », causerie oiseuse, interminable, a déjà employé une bonne partie de leur temps ; la fête du « tam-tam » termine la journée inutile des noirs.

« A peine l'ombre est-elle descendue que le roulement monotone des *ngoma*, tambours de toute grandeur, appelle à la ronde amis et voisins. A l'éclat des torches, la girandole se forme ; elle est entrecoupée de pauses ; elle est parfois un véritable tableau vivant, représentant une allégorie obscène, dont le cynisme a pudeur de s'exposer aux blancs.

Le vin de palme et l'eau de feu coulent ; les sexes et
les âges sont mêlés. La nuit avance. Les cerveaux
grisés s'allument à ces chants lascifs d'air et de
paroles, ils vibrent au bruit des sons, au mouvement
des danses effrénées. Tout s'oublie dans la fureur
d'une commune orgie, et l'aube matinale, à ses pre-
mières lueurs, les revoit palpitants à la place où ils
sont tombés *. » L'Afrique noire, engourdie par les
ardeurs du jour, chaque nuit se réveille au bruit
sourd du tam-tam, résonné d'écho en écho, de solitude en solitude.

* * *

Avec les Pahouins, le portrait n'a plus de fard ;
c'est ici la couleur fauve, d'une humeur toute per-
sonnelle, d'une convoitise qui forcera les obstacles
pour se faire place. Que nous sommes loin de la
société plaisante de ces bons noirs accueillants,
qu'à peine les mauvais traitements savent révolter.

Ils s'appellent, dans leur langue dure, *Asheba,
Osieba, Fan*, c'est-à-dire « hommes », homme rude,
rétif, peu disposé à plier. Poussés par un mobile
inconnu, la recherche d'une terre meilleure, peut-
être l'appât de la richesse des blancs, dont le
renom a traversé le désert, ils viendraient du lointain nord-est, patrie des *Niam-Niam*. Suivant le
soleil de son lever au couchant, au hasard de la
route, pareils aux bisons qui changent de pâturage,
ils allaient bousculant tout devant eux. Les villages

* Paul Barret, *l'Afrique occidentale, la nature et l'homme
noir;* 2 vol., avec 2 cartes. Challamel, Paris, 1888.

des aborigènes ont disparu sur leur passage. Tous fuyaient ; car ils tuent et mangent les hommes. Ils sont rendus maintenant à presser les habitants de l'estuaire gabonais, les riverains du moyen Ogooué, qu'ils auraient déjà étouffés sans la crainte de nos canons ; 150.000 Pahouins, et au delà, tiennent le haut pays, gros chiffre pour une peuplade dans ces régions.

Que sont-ils exactement? qu'attendre de ces nomades pour l'avenir de notre possession ?

Au physique, le Fan est maigre, osseux, taillé à coups de hache, bien planté au demeurant. Ses dents sont effilées pour mieux déchirer la chair. Un air de farouche inquiétude erre sur sa physionomie, et son regard, qui n'a pas peur, entre droit dans vos yeux. Les hommes sont nus ou vêtus de peaux de fauves ; les femmes ne sont point belles, et les enfants, nombreux dans leurs villages, ont des allures de jeunes loups.

Les mœurs de ce primitif sont celles de la sauvagerie outrée. Il adore l'alougou, la poudre, les fétiches extraordinaires ; son Grand-Esprit est méchant. Moins que d'autres il a souci du voisin, et nulle pitié du faible. Il est polygame et traite durement ses femmes ; toutefois, il est jaloux et ne les cède pas à tout venant. Il ne garde pas de captifs, abstention méritoire. Serait-ce pourtant qu'il mange ses prisonniers, après le combat?

On raconte qu'un Barbe-Bleue avait une femme qui ne lui donnait pas d'enfants ; il la trouva grasse à point et la mangea !

Mais c'est exagérer son goût de la chair humaine. Certainement le Pahouin est cannibale, il suffit d'en menacer le Gabonais pour le mettre en belle transe. Il semble cependant que cet appétit soit, chez lui, moins une habitude invétérée, que la fureur qui l'emporte dans la lutte, la vengeance à assouvir, le scrupule de remplir certaines formalités fétichistes. Ce famélique, qui dévore chenilles fumées, fourmis, serpents et autres ragoûts douteux, ne demanderait sans doute pas mieux d'avoir meilleur morceau à se mettre sous la dent ; l'affamé deviendra plus sage, quand l'éducation européenne en même temps que ses leçons de morale, un peu creuses à ventre vide, lui aura enseigné les moyens de satisfaire sa faim à la mode civilisée.

Pour l'instant, le Fan à peine à y pourvoir : une grosse foule à nourrir, avec peu de subsistances. Il n'est qu'agriculteur enfant, nullement pêcheur. Il chasse le sanglier, le bœuf sauvage, l'antilope, les singes, les oiseaux ; il a, à cet effet, de toutes petites flèches enduites d'un poison inexorable, l'*onaï* ou *iné*, qu'il lance à l'aide d'une arbalète. Il prend au piège l'éléphant, dont il dévore la chair et troque les admirables défenses en échange de marchandises européennes de première nécessité. Il est donc un peu traitant et fait aussi commerce de l'ébène, du santal rouge, du caoutchouc, suc découlant par incision de la liane *olambo* nombreuse dans le pays.

Son savoir-faire est surtout industriel ; ceci est très remarquable et promet. Il a inventé la « méthode catalane », ayant appris seul à extraire le fer du minerai, à l'affiner, à en forger des armes élégantes et des outils, des armes surtout, sagaies, haches, meurtriers coutelas. A notre école, il devient vite bon ouvrier en métaux.

Guerrier avant tout, un fusil, voilà le fétiche qu'il

adore ; il le choie, il l'orne de peinture rouge, de clous de cuivre, de poils d'éléphant. Sa poudre est

SIÈGES, INSTRUMENTS DE MUSIQUE DU GABON-CONGO

mauvaise, ses projectiles, des pieds de marmite coupés en morceaux, qui font de vilaines blessures.

Les luttes de sa longue migration ont rendu ce peuple défiant à l'excès. Ses villages sont élevés dans une situation défensive, jour et nuit gardés par des guerriers en armes. L'inconnu est d'abord un ennemi. Toujours en éveil, le Pahouin tirera le premier coup de fusil, et nos canonnières ont souvent maille à partir avec les forbans des rivières.

Ces violents sont de virils lutteurs; ils ont le nombre et la fécondité de leurs femmes, ils ont la vitalité robuste. Leur caractère est dur, mais leur esprit tenace, industrieux; leurs bras ne répugnent pas trop au travail. Près de nous, leur masse est déjà imposante; ils gagnent et submergent, par infiltration ou par force, beaucoup de ces anciennes peuplades, inertes, sans ressort, qui dépérissent faute d'enfants. Ayant faim, dénués de tout, ils veulent une part, et leur énergie saura se la tailler dans le Gabon-Congo.

Y fût-on disposé, on ne peut songer à les réduire. Les apprivoiser paraît de meilleure politique. Il faut qu'ils trouvent plus d'avantage à notre amitié qu'aux aventures; il faut dissiper leur défiance; les gagner donc par une fermeté sage et bienveillante, par leurs enfants, otages en même temps qu'élèves de nos missions, qui, rendus plus tard à leurs villages, raconteront ce qu'ils ont vu chez les blancs et rapporteront, avec les métiers appris, les enseignements reçus, notre langue, gage d'intelligence. Déjà, les Fan, voisins de Libreville, tranquilles sur leur sécurité, prenant goût à la terre qu'ils possèdent, sont devenus sédentaires et moins turbulents; ils nous rendent le service de contenir le flot grondant qui monte derrière eux, poussé de proche en proche de l'intérieur.

Nous terminerons cette esquisse en disant avec l'auteur de *l'Afrique occidentale**, que la race pahouine est la réalité sur le sol gabonais et qu'il nous appartient de détourner vers nous cette force vive, de la faire servir au développement de notre France équinoxiale.

* Ouvrage cité.

*
* *

Ayant estimé qu'il était indispensable de donner quelques renseignements de nature à guider le visiteur dans sa promenade à l'Exposition, l'éditeur a ajouté de lui-même à la savante étude donnée ci-dessus les renseignements suivants sur les indigènes et les villages de l'Exposition.

Notre colonie du Gabon-Congo est représentée à l'Esplanade par vingt indigènes qui ont édifié les villages au milieu desquels nous pouvons les voir se livrer aux diverses industries de leur pays.

Neuf *Okanda* neuf *Adouma*, et deux *Loango* ont été réunis par M. Avinenc, chef de l'expédition. Tous gayeurs, les *Okanda* ont été recrutés dans le Haut-Ogoué par M. Latouche, qui les conduisit à Libreville.

M. Avinenc a réuni le reste de l'effectif, et l'a amené à Paris.

Le Village Adouma de l'Exposition.

Cases de nomades et de combattants, petites, basses et se touchant, les habitations du village étiqueté pahouin sont disposées en deux rangées parallèle. Une clôture d'un côté, un corps de garde percé de meurtrières de l'autre ferment le carré.

Des plaques d'écorce de *mkoundj* maintenues par des *ité* forment les cloisons de ces cases que recouvrent des feuilles de *Raphia vinifera* maintenues par des *tèvè*. Le tout est réuni au moyen du *mikodi* des Mpongouè, liane précieuse de ces régions.

Au centre la *m'bandja*, case de palabre, maison commune, hangar en plein vent, qui contient une forge et un atelier de tissage pour les *namba* (pagne). le visiteur y apercevra aussi des instruments de cuisine : parmi lesquels le mortier qui sert à fabriquer le *magnaka*, sorte d'entremets, et le *dika* sorte de chocolat du pays extrait de l'*Irvingia Gabonensis*.

Dans le village se voient une belle pirogue (*woiro* en mpongouè) des billes d'ébène et du santal.

Habitées, par les Adouma qui ont le même genre de construction que les Pahouins, les cases de ce village ne renferment qu'un *tado*, couche très basse, plutôt sommier que lit, formé de branches d'*ilé* disposées parallèlement et supportées par des travées perpendiculaires auxquelles elles sont attachées par des *mikodi*. Ces lits sont élevés seulement de vingt à trente centimètres au-dessus du sol.

Ces Adouma portent les noms suivants :

Namiaka, chef.	Boabi.
Libagni.	Natambi.
Kingo.	Bouka.
Matoutou.	Djoukaj, brigadier.

Village Loango

A gauche du village pahouin s'élève le village Loango qui est habité par les Okanda et les Loango.

Il est formé de huit cases dont la construction est des plus simples.

Des cloisons formées des pétioles juxtaposées du palmier *wdigo* en constituent les parois ; la toiture est

en feuilles d'un palmier (*banza* en loango, *mdigo*
en gabonais).

Comme dans les cases du village adouma, nous
ne trouvons à l'intérieur qu'un même lit à peine
surélevé dont le nom est *tehika* en mousselong, *odo* en
mpongouè, *laka* en okanda.

Voici les noms des habitants de ce campement.

Bingo, chef.	Beke.
Boulamba.	Okaimbala.
Nakemba.	Mavoudè.
Mbama,	Olonga, brigadier.
Doumba.	

Les Okanda sont tous des pagayeurs; quant aux
Loango, ce sont d'habiles sculpteurs d'ivoire qui,
avec des instruments plus que primitifs, fouillent
ces belles défenses qu'on peut voir dans la section
du Gabon-Congo.

Un de ces Loango, le jeune Tchembakala, n'a que
11 ans; il commence à savoir travailler l'ivoire.

Indépendamment des habitants des villages, un
Gabonais parlant le mpongouè, et deux Batanga
parlant le benga, langage employé sur les bords de
la rivière Mouni, se trouvent dans le modèle de
factorerie construit en face du village pahouin.

Marins intrépides et nageurs émérites, les Batanga chassent à la nage les grandes tortues de mer
et n'hésitent pas à aller quelquefois, à de très grandes
distances, attacher à une des pattes de ces animaux
un nœud coulant.

Les Batanga de l'Exposition se contentent de
procurer aux visiteurs les curiosités de l'Afrique
équatoriale.

Il nous a semblé intéressant de placer sous les yeux du lecteur, à la fin de cette esquisse, quelques lettres des indigènes que nous venons de décrire ; ces lettres ont été remises par ses administrés okanda à M. de Brazza qui les a fait parvenir à leur destination.

Mieux que toutes descriptions elles feront ressortir la nature des sentiments et les préoccupations des habitants du village Okanda de l'Exposition.

Agloulamba à Ndiogoni (petite poule), *son frère, au village de Djangui, terre de Bongi, district de Lopé.*

« Va chez ma mère Chiono, au village d'Oleko, et dis-lui que son fils se porte bien. Garde bien mon fétiche de famille ; offre-lui du poisson, des bananes et une poule. Va chercher trois grands féticheurs qui feront à mon intention une cérémonie pour qu'il ne m'arrive rien de mal dans ce voyage. Dis à tout le monde que nous sommes dans une ville qui est, à elle seule, aussi grande que tout le territoire des Okanda. Recommande bien à tout notre monde de bien veiller sur nos femmes, surtout quand elles iront loin aux plantations ou à la pêche. »

Mbengo, chef de pirogue, à Rembangue, son frère, au village d'Odembe, district d'Aschuka.

« Dis à tous les Okanda, qui nous conseillaient de ne pas aller si loin, que, malgré tout ce qu'ils pensaient, le voyage s'est très bien passé, et personne n'a été malade. Et tout le monde est bien content ici. Et nous mangeons de la viande tous les jours. Et tu vas dire à Mbico, du village de Boya, qu'il aille me construire une grande case, qui sera prête à mon retour. Je le payerai avec mes marchandises, car j'en aurai gagné beaucoup. »

Lettre de Mamouka, chef de pirogue.

« Qu'on fasse appeler Lemba et Lendé, mes deux frères, Niati et Sobi, mes neveux, et mon oncle Limoasa. Et qu'on leur dise d'aller au village de Duomalambomba, où s'est sauvée une de mes femmes, Mikadilemba. Et qu'ils s'arrangent avec sa famille pour qu'elle revienne au village.

« Et si elle rentre, je récompenserai bien sa famille à mon retour. Et si celle-ci réclame de suite des marchandises, que mes parents les lui avancent. A mon tour, je saurai récompenser les services qu'on m'aura rendus ou punir ceux qui m'auront fait tort en cette affaire.

« Nous sommes ici, à Paris, très bien, dans une ville où il y a tellement de monde, que les blancs sont serrés comme des plants de maïs dans les champs. Et tout le monde va bien. Et le grand commandant (M. de Brazza) est avec nous. Et nous sommes bien contents d'être venus. Et il faut dire à tout le monde que, lorsque nous rentrerons, nous aurons tant de choses à dire sur ce que nous avons vu, que nous pourrons parler pendant des mois entiers avant d'avoir fini.

« Et, en dernier lieu, qu'on dise à ma femme Iressa qu'elle fasse savoir à la station de Lastoursville, dès qu'elle aura mis au monde le petit que j'attends, pour qu'on me l'écrive. »

____

Maison Quantin Successeur
G. S. Benoît. 7. à Paris

Maison Quantin Imprimeur
7, S. Benoît, 7, à Paris